ANALIZA KSIĄŻKI

Gepard

• • • • • • • • • • • • • • • •

GIUSEPPE TOMASI DI LAMPEDUSA

ANALIZA KSIĄŻKI

Napisany przez Pauline Coullet
Przetłumaczony przez Kâmil Kowalski

Gepard

GIUSEPPE TOMASI DI LAMPEDUSA

GIUSEPPE TOMASI DI LAMPEDUSA

WŁOSKI POWIEŚCIOPISARZ I AUTOR OPOWIADAŃ

- **Urodził się w Palermo (Sycylia) w 1896 roku.**
- **Zmarł w Rzymie w 1957 roku.**
- **Godne uwagi prace:**
  - *Profesor i syrena* (1961), nowela
  - *Le Lezioni su Stendhal* [*Lekcje o Stenhalu*] (1977), esej
  - *Byron* (2010), esej

Giuseppe Maria Fabrizio Salvatore Stefano Vittorio Tomasi, książę Lampedusy, książę Palma di Montechiaro i członek sycylijskiej arystokracji, tuż przed śmiercią skończył pisać *Geparda*, swoją jedyną powieść. Jest również autorem kilku studiów literackich, w tym jednego o Stendhalu (pisarz francuski, 1783-1842).

Był przede wszystkim wojskowym, w obu wojnach światowych służył w stopniu porucznika. W 1932 roku poślubił Alessandrę Wolff-Stomersee (1894-1982), psychoanalityczkę z Petersburga.

Lampedusa zmarł w hotelu w Palermo, tak jak bohater jego powieści, nie doczekawszy się nigdy publikacji swojej jedynej powieści.

GEPARD

SYCYLIA, PASJA I MELANCHOLIA

- **Gatunek**: powieść historyczna
- **Wydanie referencyjne**: Tomasi, G. (2007) *The Leopard*. Tłum. Colquhoun, A. New York: Pantheon.
- **Pierwsze wyd**: 1960 (Praca oryginalna opublikowana we Włoszech w 1958 r.)
- **Tematy**: Historia Włoch, arystokracja, upadek, śmierć, samotność, ambicja

Gepard opowiada o upadku pewnej rodziny szlacheckiej, a poprzez nią o losach całej sycylijskiej arystokracji w okresie *Risorgimento* ("odrodzenie" w języku włoskim, termin używany do określenia ruchu ideologicznego i politycznego, który przeszedł przez Włochy w pierwszej połowie XIX wieku, a jego kulminacją było powstanie Królestwa Włoch w 1861 roku). Książka, choć jest przede wszystkim powieścią historyczną, ma również aspekt autobiograficzny. Wyróżnia się szczególną wagą, jaką przywiązuje do podmiotowości bohatera.

W momencie publikacji we Włoszech w 1958 roku *Gepard* nie od razu odniósł sukces publiczny, mimo że zdobył nagrodę Strega, najbardziej prestiżową włoską nagrodę literacką. W tym czasie we Włoszech na scenie literackiej i filmowej dominował neorealizm, ruch charakteryzujący się ostrym portretem współczesnego społeczeństwa i gloryfikacją antyfaszyzmu. Z czasem jednak książka znalazła odbiorców. Dziś uznawana jest za klasykę literatury włoskiej i jest jedną z książek znajdujących się w programie szkolnym we Włoszech. Niezwykle wierna adaptacja filmowa Viscontiego (włoski reżyser, 1906-1976) zdobyła *Złotą Palmę* na festiwalu w Cannes w 1963 roku.

PODSUMOWANIE

ŚWIT NOWEJ ERY...

Powieść otwiera książę Saliny, Don Fabrizio, odmawiający różaniec (rodzaj modlitwy), a także jego opis pałacu w Palermo, Królestwa Dwóch Sycylii i jego rodziny. Książę Saliny jest archetypem dawnej włoskiej arystokracji, do której należy. Jest kulturalnym, władczym człowiekiem, któremu często towarzyszy jego pies, Bendicò, którego lojalność i inteligencję bardzo ceni.

W maju 1860 roku Don Fabrizio prowadzi polityczną rozmowę ze swoim siostrzeńcem Tancredim, człowiekiem, którego kocha bardziej niż własne dzieci. Później dowiaduje się, że jego córka, Concetta, jest w nim zakochana i nie aprobuje tego, gdyż uważa ją za niezasługującą na Tancrediego. Młody człowiek jest postacią ambitną, gotową zrobić wszystko, by osiągnąć swoje cele.

W tym czasie Włochy przechodziły wiele zmian: przechodziły w okres znany jako *Risorgimento,* który ostatecznie doprowadzi do zjednoczenia kraju (1861) i rozwoju dumy narodowej. "Jeśli chcemy, by wszystko pozostało po staremu, rzeczy będą musiały się zmienić" – wyjaśnia książę swojemu bratankowi (s. 10). Tancredi chce dołączyć do zwolenników króla Wiktora Emanuela II (1820-1878), którzy byli za zjednoczeniem Włoch. Natomiast Don Fabrizio, wraz z resztą sycylijskiej arystokracji, obawia się, że zjednoczenie odbierze mu przywileje, gdyż oznacza przyłączenie Królestwa Dwóch

Sycylii do reszty Włoch i upadek króla Franciszka II (ostatniego władcy Królestwa Dwóch Sycylii, 1836-1894), który panował wówczas w Palermo. Niestety dla niego, następnego dnia dowiaduje się, że w Marsali wylądował generał Garibaldi (1807-1882), który walczył o zjednoczenie państwa włoskiego.

Don Fabrizio, w towarzystwie swojego psa, idzie następnie do obserwatorium ojca Pirrone, swojego przyjaciela i powiernika. Rozmawiają o ostatnich wydarzeniach politycznych i zmianach, które dopiero nadejdą: pojawieniu się burżuazji jako nowej klasy dominującej i zniesieniu przywilejów arystokracji i Kościoła. Następnie przechodzą do ich wspólnej pasji: badania ruchu gwiazd.

Podczas wakacji książę wraz z rodziną udaje się do swoich ziem w Donnafugacie: "kochał dom w Donnafugacie, ludzi, poczucie feudalnej własności, które tam przetrwało" (s. 17). Don Fabrizio odkrywa jednak, że jest to miasto zmienione, głównie z powodu wzrostu znaczenia upartego Don Calogero Sedara, szefa liberałów, chłopa, który dzięki swoim interesom stał się równie bogaty jak on. Książę widzi "rewolucję w tym białym krawacie i dwóch czarnych ogonach" (s. 23). Nawet pies Benidicò warczy na niego, gdy go widzi. Rzeczywiście, kraj się zmienia: burżuazja zaczyna się podnosić, podczas gdy sposób życia szlachty jest teraz zagrożony. Jednak książę zdaje się nie dostrzegać tego zagrożenia i w miarę upływu czasu zaczyna poznawać Sedarę: różnica klas, która na początku dzieliła obu mężczyzn, teraz zaczyna się zacierać. Książę dostrzega również pragmatyczną inteligencję Sedary. Jego córka Angelica natychmiast oczarowuje Tancrediego swoją zapierającą dech w piersiach urodą i bogactwem.

Niedługo później młodzieniec prosi księcia o zgodę na poślubienie Angeliki. Stella, żona Don Fabrizia, nie przyjmuje tego dobrze, uważając małżeństwo szlachcica z córką awanturnika za nieodpowiednie. Inni, jak Don Ciccio, również nie patrzą na ten związek przychylnie: "jakże to felerne, Ekscelencjo! To koniec Falconerisów, a także Salinów" (s. 35). Ze swej strony Don Fabrizio okazuje się przygotowany do adaptacji i aprobuje małżeństwo.

Angelica odwiedza dom Salinów po raz pierwszy jako narzeczona Tancrediego. Cała rezydencja wydaje się zaniedbana, co świadczy o tym, że upadek szlachty już się zaczął, ale też obciążona pewną zmysłową atmosferą. Rzeczywiście, romantyczne promenady i zabawy dwojga kochanków powodują napięcie seksualne, które przenika zamek.

Cały rozdział poświęcony jest wizycie ojca Pirrone u rodziny w San Cono. Ta mała dygresja pozwala Tomasiowi naświetlić warunki życia chłopów i skupić się na księdzu, którego zadaniem jest rozplątanie skomplikowanej rodzinnej sprawy. Jego siostrzenica Angelica, będąca w trzecim miesiącu ciąży, została uwiedziona przez syna Turiego, z konkurencyjnej gałęzi rodziny. Kłótnia sięga wielu pokoleń i zaczęła się od kradzieży kilku drzew migdałowych. Ojciec rozwiązuje sytuację, wydając oboje kochanków za mąż.

Podczas polowania książę rozmawia z Don Ciccio na temat plebiscytu w sprawie zjednoczenia w Donnafugacie. Ciccio potępia to referendum, które uważa za sfałszowane i nazywa "głupim unieważnieniem pierwszego wyrazu wolności, jaki kiedykolwiek im [ludziom] zaoferowano" (s. 33). I rzeczywiście, pod naciskiem kilku wybitnych miejscowych obywateli

Sycylijczycy w przeważającej większości głosują za zjednoczeniem, podobnie jak – paradoksalnie – książę. Wierzy on, że dostosowując się do nadchodzących zmian, może uratować swoją rodzinę przed ogólnym upadkiem arystokracji. W istocie zjednoczenie doprowadzi do liberalizacji władzy, pozbawiając arystokrację przywilejów i ułatwiając powstanie nowej burżuazyjnej klasy przedsiębiorców.

W listopadzie 1860 roku księcia odwiedza Chevalley di Monterzuolo z Piemontu. Obaj dyskutują o różnicach między północą a południem Włoch. Chevalley sugeruje, by książę został mianowany członkiem Senatu, ale Don Fabrizio odmawia z powodu lojalności wobec Burbonów:

> *"Byliśmy Leopardami, Lwami; ci, którzy zajmą nasze miejsce, będą małymi szakalami, hienami; i cała masa nas, Leopardów, szakali i owiec, wszyscy pójdziemy dalej uważając się za sól ziemi" (s. 53).*

Dwa lata później Salinowie i Sedarowie wybierają się na bal w Palazzo Ponteleone. Angelica stawia pierwsze kroki w świecie arystokracji. Jej ojciec jest bardzo przejęty pałacem: jest "nieczuły na jego urok, [ale] nastawiony na jego wartość pieniężną" (s. 64). Książę natomiast jest zmęczony i wycofuje się do biblioteki, gdzie kontempluje obraz Greuze'a (francuski malarz, 1725-1805) *Śmierć sprawiedliwego* i wyobraża sobie własną śmierć. Jednak taniec z Angeliką uspokaja go: "przy każdym obrocie rok spadał mu z ramion" (s. 66). W drodze do domu melancholijnie kontempluje gwiazdy, jedyne elementy, które wydaje mu się, że rozumie teraz, gdy czuje zbliżającą się śmierć swoją i arystokracji.

... I KONIEC KOLEJNEJ

Kilka lat później znajdujemy księcia na łożu śmierci w podupadłym hotelu w Palermo. Po raz ostatni odwiedzają go Tancredi i jego wnuk Fabrizietto. Don Fabrizio snuje gorzkie refleksje na temat swojego życia i swojej rodziny: "ostatnim z Salinów był tak naprawdę on sam, ten chudy olbrzym umierający teraz na hotelowym balkonie" (s. 71). I wtedy przychodzi po niego śmierć, w postaci pięknej kobiety w podróżnym ubraniu – Wenus.

W maju 1910 roku w całych Włoszech znów panuje stabilizacja. Odkrywamy, że trzy córki księcia, w tym Concetta, są spinkami. Żyją na obrzeżach włoskiej arystokracji. W ich pałacu w Palermo odwiedza je Wikariusz Generalny, który zgodnie z papieskimi instrukcjami przybył, aby skontrolować prywatne kaplice swojej archidiecezji: należy sprawdzić autentyczność relikwii religijnych, które zostały zebrane przez trzy kobiety. To ważna scena, ponieważ ich pobożność i związek ze Szlachetną Szatą, który powinna symbolizować duża ilość zebranych relikwii, jest ostatnim znakiem ich przynależności do upadłej arystokracji. Jednak na koniec swojej inspekcji kardynał z Palermo oświadcza, że tylko pięć z 74 relikwii rodziny jest autentycznych: ten ostateczny cios, pozbawiający kobiety nielicznych przywilejów, jakie im pozostały, kończy to, co pozostało z ich zamożnej przeszłości.

Concetta, rozmyślając nad "piekłem zmumifikowanych wspomnień" (s. 266) w swoim pokoju, kontempluje swoje trousseau (ubrania dawane dziewczynie, która wychodzi za mąż), które jest już bezużyteczne. Jak zwykle odwiedza ją

Angelica, walcząca z chorobą, a także senator Tassoni, stary przyjaciel Tancrediego. Pod koniec powieści wyrzuca martwego i wypchanego psa Bendicò, którego zużyte futro upodabnia go do Geparda.

STUDIUM POSTACI

DON FABRIZIO, KSIĄŻĘ SALINY.

Don Fabrizio, bohater powieści, wywodzi się z dawnej sycylijskiej arystokracji ze strony ojca, ale dzięki matce ma również niemiecką krew. Opisywany jako duży, silny i gorący mężczyzna, książę wykazuje pewne podobieństwo do Jowisza lub Posejdona. Jego budowa i siła nadają mu również lwi wygląd, łącząc go z Gepardem, który widnieje w herbie rodziny Salina. Ze swoją żoną Marią Stellą ma siedmioro dzieci, ale od wszystkich woli Tancredi Falconeri, swojego bratanka.

Książę wyróżnia się szczególnie ze względu na ambiwalencję i złożoność jego charakteru. Rzeczywiście, ten człowiek, choć zmysłowy i napędzany przez pasję, ma bardziej naukową stronę, gdy wyjeżdża badać gwiazdy. Co więcej, wewnętrzne skupienie powieści ujawnia bogactwo jego życia wewnętrznego i jego intelektualne aspiracje. W książce skupiono się na podmiotowości Księcia, który jest:

- dumny ze swojego arystokratycznego dziedzictwa ("Byliśmy Leopardami, Lwami; ci, którzy zajmą nasze miejsce, będą małymi szakalami, hienami", s. 53)

- pogrubiony

- melancholijny, gdy myśli o gwiazdach lub nawet o śmierci, jak w scenie balu

- zmysłowy: lubi zmysłowość Angeliki i ma kilka kochanek

- kontemplacyjny

- szybkobieżny

- uprzejmie.

Krótko mówiąc, Książę poprzez swój charakter, los i wybory symbolizuje arystokrację jako całość. Jego władza i szacunek, jaki wzbudza u innych, a także jego bierność (nie angażuje się w politykę, by próbować ratować swoją pozycję, bo wie, że to przegrana walka), odzwierciedlają sposób życia i los arystokratów. *Risorgimento* słusznie niepokoi tego starzejącego się człowieka, który zaczyna się zastanawiać nad konsekwencjami zmian politycznych i społecznych dla jego sposobu życia i dla dawnego porządku feudalnego.

Umiera jako starzec, choć żałuje, że nie żył naprawdę pełnią życia. Odchodzi spokojnie, w otoczeniu rodziny, podążając za Wenus, gwiazdą o legendarnej urodzie, którą podziwiał od wielu lat. Jego śmierć symbolizuje koniec arystokracji: w następnym rozdziale jego córki spoglądają na swoje wspomnienia o dostatniej i szlachetnej przeszłości.

 ## ZNACZENIE ZWIERZĄT W POWIEŚCI

Lampedusa rozwija w swojej powieści cały bestiariusz zwierząt. Znajdujemy tu Gepardy i lwy, które reprezentują arystokrację i zostają obalone przez szakale (Don Calogero) i wilki (Angelica). Porównując ludzi do zwierząt, narrator przekształca ludzi w istoty kierujące się instynktem, w pesymistycznym świetle patrząc na ich działania, a także na ówczesne społeczeństwo i politykę. Ludzie zostają porównani do zwierząt, walczących między sobą o przetrwanie.

TANCREDI FALCONERI

Tancredi Falconeri, młody bratanek i ulubieniec księcia, jest równie czarujący, co prześmiewczy. Pasuje do wizerunku ambitnego pnącza społecznego i jest bystry, jeśli chodzi o wydarzenia polityczne. Bierze udział w rewolucji Garibaldiego, potem wstępuje do armii. Popiera sprawę liberałów, aby zachować zalety swojej klasy. Chociaż jego decyzja o poślubieniu Angeliki wydaje się początkowo dość romantyczna, to w rzeczywistości jest to nic innego, jak tylko finansowa sztuczka, która ma mu zapewnić dostęp do fortuny żony.

Los Tancrediego wydaje się być odwrotnością losu Księcia. Gdy Don Fabrizio zaczyna podupadać i starzeć się, Tancredi jest jeszcze w kwiecie wieku i idzie w górę w świecie. Jednak kompromisy, na które się decyduje (małżeństwo i związek z Garibaldim) sprawiają, że nie może być uznany za ostatniego przedstawiciela rodu Salina, Gepardów. Chce cieszyć się życiem, nie będąc powstrzymywanym przez przeszłość i tradycje, które wiążą arystokrację. Jest jedyną postacią w rodzinie, która nie cierpi z powodu upadku arystokracji. Pod koniec powieści dowiadujemy się, że umiera niedługo przed siedemdziesiątymi urodzinami swojej żony.

OJCIEC PIRRONE

Ojciec Pirrone jest kapłanem domu w Salinie. Jego charakter idzie w parze z charakterem księcia Saliny, a obaj stanowią idealną parę. Jako jezuita i uczony matematyk, Pirrone staje się w trakcie powieści coraz bardziej złożony, co zapewnia mu ważne miejsce w fabule. Piąty rozdział, który jest w całości poświęcony Pirronowi, pozwala nam dowiedzieć się o nim więcej. Do tego momentu pozostaje on w cieniu wielkiej postaci Don Fabrizio: po raz pierwszy poznajemy jego skromne pochodzenie i wielki szacunek, jakim darzą go ludzie. Podczas rodzinnych kłótni, Ojciec Pirrone pokazuje, że jest bardzo kompetentny i zna się na ludzkiej naturze.

Postać ta jest potraktowana w sposób subtelny: narrator delikatnie się z nią droczy, gdyż nie będzie już dla niej miejsca w nowym społeczeństwie, które powstaje tuż po śmierci Geparda. W końcu umiera kilka lat przed Don Fabrizio.

DON CALOGERO SEDARA

Sedara jest ojcem Angeliki. Jeśli Don Fabrizio jest lwem lub Gepardem, Sedara jest porównywany do szakala ze względu na swój oportunizm: wykorzystuje wydarzenia, goni za sławą i pieniędzmi. Reprezentuje skorumpowaną, triumfującą burżuazję w czasach *Risorgimento* i jest obiektem wielu satyrycznych komentarzy narratora: wulgarny, materialistyczny i śmieszny, tylko jego bardzo pragmatyczna inteligencja, spryt i smykałka do interesów zdołają zdobyć podziw księcia.

Będąc kompletnym przeciwieństwem Don Fabrizia, Sedara symbolizuje nowego człowieka, nową burżuazję, która nadchodzi, by wypełnić lukę po upadającej arystokracji. Pod koniec powieści wychodzi z niej zwycięzcą, a jego córka należy do arystokracji. W tym momencie książę zauważa, że jego styl ubierania się zaczyna się poprawiać, co na początku książki zdradzało jego niskie pochodzenie.

POSTACIE KOBIECE

Postacie kobiece są przez całą powieść przedstawiane raczej pogardliwie. Obraz, jaki nam dają, jest w pewnym sensie dokładnym przedstawieniem pozycji kobiet w szowinistycznym świecie XIX-wiecznej Sycylii.

Kobiety, zwłaszcza te z rodziny Salina, najczęściej opisywane są jako pobożne i uległe. W rzeczywistości ich brak działania wydaje się czasem dość śmieszny. Wychowane z ówczesnymi zwyczajami, wszystkie są pobożne, nie wiedzą nic o polityce i są mocno przywiązane do powierzchownych oznak świadczących o przynależności do arystokracji. W rodzinie Salina jedna z córek księcia jest jednak wyjątkiem od reguły: Concetta. Ze wszystkich dzieci Księcia, tylko ona od czasu do czasu pozwala sobie na okresy wewnętrznego skupienia. Jawi się jako prawdziwa Salina: tak jak jej ojciec jest silna, nieugięta i mocno przywiązana do swojego dziedzictwa. Jest niedoceniana przez ojca, który woli od niej Tancrediego, ponieważ jest kobietą powściągliwą. Jest ofiarą historii i pragmatyzmu. Odrzucona przez Tancrediego, w którym jest zakochana, jawi się również jako tragiczna bohaterka romantyczna. Podobnie jak jej siostry, kończy jako zakonnica, a więc nie przyczynia się do kontynuacji swojej linii. Widzi ostatni cios zadany arystokracji, gdy duchowni usuwają religijne relikwie jej rodziny, co symbolizuje koniec upadku arystokracji: z jej dzieciństwa nie pozostało już nic wartościowego.

Angelica jest zauważalnie inna od pozostałych kobiet w powieści. Niezwykle piękna, uosabia ruch i zmysłowość. Narrator ujawnia również jej głęboko zakłamaną, ambitną i powierzchowną naturę. Jest przedstawiona jako femme fatale, korupcja, której udaje się poślubić arystokratę, pomimo jej niejasnego pochodzenia. Porównuje się ją do żmii lub wilczycy, co dodaje jej groźnego wyglądu. Podobnie jak jej ojciec, dąży do fortuny i chwały. Jest też idealnym odzwierciedleniem męskich fantazji. Pod koniec powieści, jakiś czas po śmierci męża, odwiedza rodzinę Saliny, a narrator podpowiada, że wkrótce poważnie zachoruje.

BENDICÒ

Bendicò to wielki pies Don Fabrizia. Mimo że jest zwierzęciem, odgrywa w powieści ważną rolę: według samego autora jest to bardzo ważna postać, która jest właściwie kluczem do powieści.

Jest żywym i czułym psem. Pojawia się zarówno na początku, jak i na końcu powieści. Jest w większości scen, zawsze w tle, i często jest porównywany do człowieka lub służy jako punkt porównania z postacią. Na przykład Mariannina, prostytutka, którą Don Fabrizio regularnie odwiedza, jest opisana jako Bendicò w spódnicy.

Pies ma bardzo silną więź z Księciem, który bardzo na nim polega, a nawet porównuje go do gwiazd, ponieważ przynoszą mu one szczęście i spokój. Bendicò jest również bystrym sędzią charakteru: w zależności od sytuacji warczy na pewne postacie (na przykład warczy na Angelikę i Don Calogero, ponieważ należą do burżuazji i dlatego stanowią zagrożenie dla arystokracji).

Niemniej jednak Bendicò jest symbolem domu Salina bardziej niż cokolwiek innego. Jest to pies o szlachetnym dziedzictwie, pies, który jest tak samo imponujący jak jego pan i patrzy z góry na niższe klasy, takie jak mieszczaństwo. Beztroski przez całą powieść, pod koniec umiera i zostaje wypchany, symbolizując tym samym upadek rodziny. W tym momencie wygląda dość żałośnie: nie jest niczym więcej niż skórą przeżartą przez robaki. Concetta wyrzuca go nawet przez okno.

> *"W kilka minut później to, co pozostało z Bendicò, zostało rzucone w kąt podwórza […] Podczas lotu w dół z okna jego postać na chwilę się skomponowała; w powietrzu można było zobaczyć tańczącego czworonoga z długimi wąsami, a jego prawa przednia noga wydawała się uniesiona w pyle. Potem wszyscy znaleźli spokój w kupie żywego pyłu"* (s. 79).

W swoich ostatnich chwilach Bendicò wygląda jak tańczący Gepard, herb Salinów, zanim zniknie w kupie pyłu. Reprezentuje upadek rodziny i, bardziej ogólnie, upadek arystokracji.

ANALIZA

POWIEŚĆ HISTORYCZNA

Gepard jest powieścią historyczną, co oznacza, że miesza prawdziwe wydarzenia z elementami fikcyjnymi.

- Z jednej strony *"Gepard"* jest relacją z wydarzeń historycznych, które naznaczyły dziewiętnastowieczne Włochy i może być postrzegany jako dokładny opis tego, co faktycznie się wydarzyło.

- Z drugiej strony wprowadza kilka fikcyjnych postaci, takich jak rodzina Salina, która nigdy nie istniała, choć wydaje się być inspirowana przodkami Lampedusy.

Jak można się spodziewać po powieści historycznej, wszystkie fikcyjne postacie i wydarzenia mogły dość łatwo zaistnieć, biorąc pod uwagę fakty historyczne.

Ówczesne wydarzenia historyczne stanowią tło powieści. Losy księcia Saliny są oprawione i ukształtowane przez *Risorgimento*, ważny epizod w historii Włoch, który doprowadził do zjednoczenia kraju. Rzeczywiście, *Gepard* zaczyna się od lądowania generała Garibaldiego, głównego gracza *Risorgimento*, w Marsali na Sycylii, 11 maja 1860 roku. W tym momencie Włochy są podzielone na trzy części:

- Państwo papieskie;

- Północ, pod rządami króla Wiktora Emanuela II, wspieranego przez Austriaków;

- Południe, zwane Królestwem Dwóch Sycylii, gdzie panuje Franciszek II.

Zwycięska wyprawa Garibaldiego sprawia, że arystokracja i król Sycylii znajdują się pod władzą Wiktora Emanuela II. W trzecim rozdziale *Geparda* dowiadujemy się o organizacji i wynikach plebiscytu zorganizowanego przez Wiktora Emanuela II 21 października 1861 roku, poprzez który Sycylijczycy głosują nad zjednoczeniem kraju. Znaczenie dat na początku każdej części, przywołanie głównych wydarzeń burzliwego czasu i wzmianki o prawdziwych osobach (zwłaszcza o Garibaldim), a także realistyczne przedstawienie życia w tamtych czasach sprawiają, że książka jest powieścią historyczną.

Jednak to punkt widzenia głównego bohatera, członka arystokracji, dominuje w opowieści: *Risorgimento*, zjednoczenie Dwóch Sycylii i Królestwa Włoch oraz ówczesne wstrząsy społeczne widzimy oczami świadka, który jest nieco odsunięty od wydarzeń. W efekcie główna linia fabularna skupia się na głębokich zmianach w relacjach między mieszczaństwem a arystokracją. Wydarzenia są więc raczej sugerowane niż opisywane dokładnie tak, jak się wydarzyły: są najczęściej przedmiotem wspomnień i rozmów, a przedstawiane są na ogół za pomocą swobodnego stylu pośredniego.

Powieść skupia się na wzajemnym oddziaływaniu sił społecznych, uosabianych przez różnych bohaterów powieści:

- Don Fabrizio reprezentuje zużytą arystokrację, która jest zbyt zakorzeniona w swoich tradycjach. Jednak z biegiem powieści książę zaczyna bardziej trzeźwo patrzeć na wydarzenia: na przykład akceptuje nieuchronną perspektywę końca świata, jaki zna.

- Błyskawiczny wzrost Don Calogero reprezentuje nadejście burżuazji. Inteligentny i bez skrupułów, jest postacią zawsze poszukującą władzy.

- Tancredi jest do pewnego stopnia fałszywym bohaterem, dobrze pasującym do dwuznaczności tej rewolucji.

Powieść Lampedusy ma dość pesymistyczne spojrzenie na opisywane wydarzenia. Żadna grupa społeczna nie ucieka przed ironicznym, rozczarowanym spojrzeniem autora, a w powieści pojawia się ogólna krytyka braku ideałów i wartości w społeczeństwie, a także nieubłaganego upływu czasu. Co najważniejsze, według Lampedusy, jeśli nadziei nie można już znaleźć w szlachcie, to ostatnie wydarzenia muszą sprawić, że będziemy pesymistycznie patrzeć w przyszłość polityczną. Sfałszowany plebiscyt jest postrzegany jako "okaleczenie dusz" (s. 32), prowadzące do nieudanych narodzin demokracji, a Garibaldi jest mityzowany w sposób groteskowy (litografia, która go przedstawia, zdaniem Don Fabrizio, dość śmiesznie przypomina boga Marsa). Nowi ludzie u władzy nie zrobią nic więcej niż starzy, ten sam archaizm wbije klin między Północą a Południem, a Sycylia pozostanie taka sama jak zawsze: nędzna.

METAFIZYCZNA KONTEMPLACJA CZŁOWIEKA I JEGO RELACJI Z CZASEM I ŚMIERCIĄ

Gepard to powieść o upadku. Jej bohater kontempluje rozpadający się świat, który zna, nie mogąc nic z tym zrobić.

Ekonomiczny i duchowy upadek arystokracji reprezentowany jest przez jej wyszczerbiony splendor, opuszczone budynki i bezpłodność trzech niezamężnych sióstr. Ale to także koniec pewnego sposobu życia i myślenia, jak sugeruje Don Fabrizio.

Z tego wynika, że śmierć jest wszędzie. Don Fabrizio jest często ogarnięty głęboką melancholią i, zdaniem Tancrediego, flirtuje ze śmiercią, gdy kontempluje obraz Greuze'a. Śmierć jest również personifikowana w postaci Wenus przez Don Fabrizia, kiedy myśli o własnej śmierci przed obrazem Greuze'a, śmierci, która jest tak bliska jak koniec arystokracji. W siódmym rozdziale *Geparda* śmierć potraktowana jest w dość nietypowy sposób, widzimy ją bowiem oczami umierającego człowieka: czytelnik jest zatem świadkiem ostatnich chwil Księcia, tak jak on sam je widzi. Śmierć nie jest często traktowana w ten sposób w literaturze: *Przyjemności i dni* (1896) Marcela Prousta (pisarz francuski, 1871-1922) i *Śmierć Iwana Iljicza* (1886) Lwa Tołstoja (pisarz rosyjski, 1828-1910) to dwa rzadkie przykłady.

Wreszcie, należy również zauważyć, że istnieje wiele realistycznych portretów śmierci w powieści, takich jak martwy żołnierz w ogrodzie w pierwszym rozdziale (s. 4) i rozkładające się zwłoki Don Fabrizio odkrywa po wyjściu z balu:

> *"Przejechał długi otwarty wóz ułożony w stos z byków zabitych krótko przedtem w rzeźni, już poćwiartowanych i wystawiających swój intymny mechanizm z bezwstydem śmierci. W odstępach czasu na chodnik spadała wielka gruba czerwona kropla"* (s. 68).

Powieść stawia pytanie o miejsce zmiany i wieczności: skonfrontowany z przemianami historii książę pragnie wieczności, co widać zwłaszcza w jego dążeniu do astronomii (poprzez gwiazdy kontempluje nieskończoność: Wenus, którą podziwia, świeci od lat). Do pragnienia wieczności wraca także jego uznanie dla niezmiennego sycylijskiego krajobrazu: "Nuty walca w ciepłym powietrzu wydawały mu się tylko stylizacją nieustających wiatrów haratających własne smutki na spieczonych powierzchniach, dziś, wczoraj, jutro, zawsze i na zawsze" (s. 64). Książę poszukuje wieczności, a może i swoistej transcendencji, która przyniesie mu spokój, ukojenie i radość, mimo ryzyka, jakie niesie ze sobą życie polityczne.

STUDIUM PODMIOTOWOŚCI

Historia opowiadana jest przez wszechwiedzącego, zewnętrznego narratora. Nie da się jednak zaprzeczyć, że dominującym punktem widzenia jest punkt widzenia księcia Saliny. Rzeczywiście, jego myśli poznajemy dzięki częstym przesunięciom na skupienie wewnętrzne, co w przypadku pozostałych postaci jest rzadko stosowane (z wyjątkiem części poświęconej ojcu Pirrone, co pozwala nam spojrzeć na wydarzenia z innej perspektywy). Ponadto w książce pojawia się pewna dwuznaczność dotycząca pochodzenia sądów: czy pochodzą one od narratora, czy od Don Fabrizio?

Dzięki tym fragmentom skupienia wewnętrznego czytelnik przenosi się do umysłu Księcia i uzyskuje dostęp do wewnętrznych przemyśleń medytującego, zamyślonego człowieka, a także do wielu niuansów jego osobowości. Odkrywamy jego samotność, wątpliwości, pesymizm i wizję Sycylii, które wskazują na prawdziwą filozofię istnienia. W sumie niewielkie skupienie wewnętrzne zastosowane w stosunku do

innych postaci wzmacnia poczucie samotności księcia i nie-
spójności podupadającej arystokracji.

Skupienie wewnętrzne pozwala również czytelnikowi identy-
fikować się i empatyzować z kompleksem i samotnością
Księcia. Ponadto nadaje powieści potężnie poruszający ton.
Wreszcie daje czytelnikowi możliwość skorzystania z wiedzy
Don Fabrizia, wejścia w odrębny świat arystokracji i zrozu-
mienia jej specyficznych kodów i wyrafinowania. Refleksje
księcia są również tym, co pozwala czytelnikowi dowiedzieć
się, co wydarzyło się w czasie, jaki upłynął pomiędzy poszcze-
gólnymi częściami opowieści.

RELIGIA A ZMYSŁOWOŚĆ

Na pierwszy rzut oka religia wydaje się być bardzo ważna w
arystokratycznym społeczeństwie Sycylii, które reprezentuje
rodzina Salina. Powieść otwiera się modlitwą, gdyż widzimy
Don Fabrizio odmawiającego różaniec. W domu rodzinnym
znajduje się kaplica, a rytm życia wyznaczają kościelne
dzwony. Salinowie chodzą na mszę i do spowiedzi. Co więcej,
wszystkie córki poszły do klasztoru. Tę religię w sercu arystokracji uosabia ojciec Pirrone, który przez większość czasu
przebywa w towarzystwie księcia. Jego pozycja jest jednak
niejednoznaczna. W istocie często jest on jedynie postacią
drugoplanową, wyśmiewaną przez innych, a nawet przez
samego Księcia. Don Fabrizio wychodzi nagi z kąpieli przed
Księdzem i śmieje się z jego niewygody. Co gorsza, zabiera go
na swoje pozamałżeńskie sprawy w Palermo.

Mimo pozornej pobożności rodziny, książę nie wydaje się
przywiązywać dużej wagi do wiary: idzie do spowiedzi,

wiedząc doskonale, że jest to zadanie bezcelowe, i zdaje się bardziej wierzyć w astronomię i gwiazdy niż w Boga. Hipokryzję Don Fabrizia w kwestii religii widać także u innych postaci. Tancredi wyśmiewa Kościół, gdy opowiada o tym, jak wraz z przyjaciółmi wtargnął do klasztoru, ku wielkiemu zaskoczeniu i oburzeniu zakonnic.

Wiara Salinów jest więc wiecznie zmienna i niepoważna, a czasem nawet odrzucana. Książę, niezadowolony ze swojego małżeństwa, potępia represje Kościoła wobec seksualności: nigdy nie widział pępka swojej żony, a ona za każdym razem, gdy uprawiają seks, robi przedtem znak krzyża i na koniec woła "Gesummaria". Z powodu pruderii Marii Stelli, Don Fabrizio ma kilka kochanek, z których jedna jest prostytutką. Ten "bunt" widzimy przez całą powieść. Tekst jest również zabarwiony pewną zmysłowością, szczególnie dzięki obecności Angeliki. Piękna, skandalizująca młoda dziewczyna przyciąga oczy wszystkich podczas posiłków, jest podziwiana jak przedmiot. Jej cera przypomina krem, a usta truskawki: mężczyźni chcą jej posmakować. To właśnie jej pewność siebie i odkrywające stroje przyciągają młodego Tancrediego. Podczas gdy kobiety z Saliny istnieją tylko dzięki swojej uległości wobec Don Fabrizia (Maria Stella i Concetta akceptują małżeństwo Tancrediego i Angeliki, ponieważ on im to nakazuje), Angelica reprezentuje wtargnięcie i triumf zmysłowości w pruderyjną atmosferę tej arystokratycznej rodziny. Kiedy ona i Tancredi przechadzają się po zakamarkach labiryntowego zamku, w trakcie swoistej zmysłowej gry, budzą się wszystkie miłosne instynkty domu. Nowa, ciepła atmosfera ogarnia Salinów i rozbudza ich seksualne pragnienia, nawet te starej guwernantki, która nocą pieści swoje piersi.

Angelica robi więc furorę wśród arystokracji, uwodzi Tancrediego i Don Fabrizia swoim urokiem i naturalnym wdziękiem. Dzięki władzy nad mężczyznami udaje jej się piąć po szczeblach kariery społecznej, a w końcu wychodzi za mąż za arystokratę. Symbolizuje dojście burżuazji do władzy. Dzięki małżeństwu zostaje księżniczką Falconeri. Z drugiej strony, trzy siostry Salina poświęcają swoje życie religii i kończą jako zakonnice, otoczone zakurzonymi relikwiami. Reprezentują one upadłą arystokrację, zbyt zafiksowaną na swoim punkcie, by przetrwać w nowych Włoszech.

Triumf seksualności nie jest jednak prerogatywą mieszczaństwa, ale raczej młodości. Don Fabrizio zazdrości wolności Tancrediowi i Angelice, którzy cieszą się pięknem i duchem młodości, podczas gdy sam czuje, że jest już na drodze do śmierci. Małżeństwo, instytucja religijna, położy kres ich młodzieńczym uniesieniom.

> *"To były najlepsze dni w życiu Tancrediego i Angeliki, życiu, które później będzie tak zróżnicowane, tak błędne, na nieuniknionym tle smutku. Ale tego jeszcze wtedy nie wiedzieli; dążyli do przyszłości, którą uważali za bardziej konkretną, niż się okazała, złożona z samych tylko dymów i wiatrów. Kiedy byli już starzy i bezużytecznie mądrzy, ich myśli z uporczywym żalem wracały do tamtych dni; były to dni, w których pożądanie było zawsze obecne, ponieważ zawsze było przezwyciężane, kiedy wiele łóżek zostało zaoferowanych i odrzuconych, kiedy zmysłowy popęd, ponieważ był ograniczony, przez jedną sekundę został wysublimowany w wyrzeczeniu, czyli w prawdziwej miłości"* (s. 46).

Jak wszystko w powieści, zmysłowość i żywiołowość skazane są na zagładę. Czas zabiera wszystko w swoim biegu.

DALSZA REFLEKSJA

KILKA PYTAŃ DO PRZEMYŚLENIA...

- Co sprawia, że *Gepard* jest powieścią historyczną?

- Jaką relację Lampedusa ustanawia między ludźmi a zwie-rzętami w *"Lamparcie"*?

- Jaką rolę w powieści odgrywa religia?

- Jaką wizję miłości przedstawia powieść Lampedusy?

- Co dzieli rodziny Salina i Sedara?

- Czy piąty rozdział powieści, część poświęconą ojcu Pirrone, można uznać za dygresję?

- Dlaczego twoim zdaniem Lampedusa uczynił z Don Fabrizio naukowca, a w szczególności astronoma?

- Dlaczego twoim zdaniem powieść nie kończy się na końcu siódmego rozdziału śmiercią księcia?

- Docenianie przez Lampedusę literatury francuskiej widać w *"Lamparcie"*. Sam autor podkreśla intertekstualny charakter swojej powieści. Przeanalizuj wariacje na temat "A Voyage to Cythera", wiersza z *"The Flowers of Evil"* Baudelaire'a (francuski poeta, 1821-1867) i podkreśl podobieństwa między sceną śmierci w siódmym rozdziale powieści a śmiercią Baldassare'a Silvande'a w *"Przyjemnościach i dniach"* *Marcela* Prousta.

- Reżyser Luchino Visconti zaadaptował powieść Lampedusy na potrzeby kina w 1963 roku. Mimo że film był chwalony za wierną adaptację oryginalnego dzieła, niektóre sceny zostały wydłużone, a inne usunięte. Wyjaśnij, dlaczego Visconti tak postąpił.

DALSZE CZYTANIE

WYDANIE REFERENCYJNE

Tomasi, G. (2007) *The Leopard*. Trans. Colquhoun, A. New York: Pantheon.

BADANIA REFERENCYJNE

Donadio, R. (2008) Esej: Lampedusa's 'The Leopard', fifty years on. *New York Times*. [Online]. [Dostęp 21 marca 2017]. Dostępny w: <http://www.nytimes.com/2008/07/29/arts/29i-ht-booktue.1.14826755.html>.

Mitchell, D. (2006) Wybór książki: The Leopard. *The Telegraph*. [Online]. [dostęp 21 marca 2017]. Dostępny w: <http://www.telegraph.co.uk/culture/3649935/Book-choice-The-Leopard.html>.

ADAPTACJA

Leopard. (1963) [film]. Luchino Visconti, reż. Włochy: Titanus.

Chcemy usłyszeć od Ciebie, co się dzieje!
Zostaw komentarz na temat swojej internetowej biblioteki
i podziel się swoimi ulubionymi książkami w mediach społecznościowych!

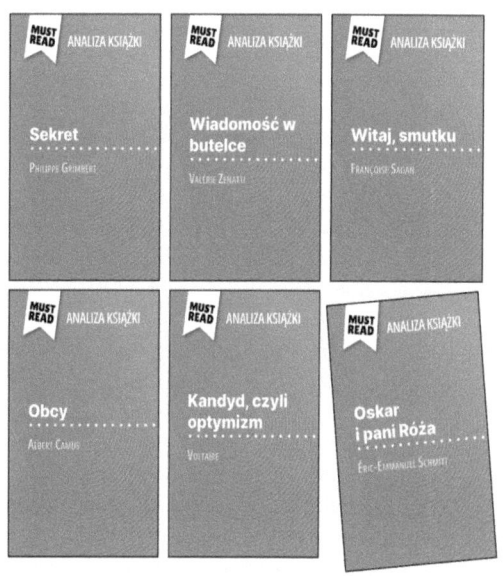

Master ISBN: 9782808695039
Papierowy ISBN: 9782808616430
Depozyt prawny: D/2023/12603/1923

Verhaal: © Primento

Projekt cyfrowy: Primento, cyfrowy partner wydawców.